Sie sind für die Welt bestimmt.
Deshalb sind sie aus dem Inneren heraus entstanden.
Aus dem Nichts.
Deshalb haben sie sich ans Licht gedrängt.
Und jetzt sind sie da.

Carolin Lichthaus

Das Zarte und das Wunderbare

Ein Geschenk für dein Herz

© 2018 Carolin Lichthaus
Umschlaggestaltung: Angelika Schäfer, www.gedankenklang.de
Umschlagfoto: © panthermedia.net / boscorelli

Verlag und Druck: tredition GmbH, Hamburg

ISBN
Paperback   978-3-7469-6067-8
Hardcover   978-3-7469-6068-5

Bibliografische Information der Deutschen Nationalbibliothek:
Die Deutsche Nationalbibliothek verzeichnet diese Publikation in der
Deutschen Nationalbibliografie; detaillierte bibliografische Daten
sind im Internet über http://dnb.d-nb.de abrufbar.

Inhalt

Einladung

Du bist eingeladen, die Texte in diesem Buch zu genießen.

Lass dir Zeit dabei. Sie sind kostbar und möchten einzeln, einer nach dem anderen, gelesen werden.

Ich freue mich, wenn dich meine Texte bereichern, wenn sie dir etwas sagen und eine wohltuende, schöne Saite in dir zum Klingen bringen, so dass du gestärkt, lebendig und leichtfüßig durch deinen Alltag tanzt und abends herrlich in schöne Träume hinübergleitest.

Viel Spaß dabei!

Herzlichst,

Carolin Lichthaus

Hoffnung

Mein Ruderboot heißt *Hoffnung*. Es liegt am Ufer unter einem Weidenbaum am Schilf. Eine Nussschale auf dem Strom des Lebens.

Sie lädt mich ein einzusteigen. Soll ich es wagen? Soll ich ihr vertrauen? Wird sie mich tragen? Oder werde ich Schiffbruch erleiden? Mein Herz zögert.

Das Bötchen schaukelt auf den Wellen. Es wartet auf mich.

Ja, es ist für mich bestimmt. Es ist meine Hoffnung, meine Chance.

Behutsam setze ich einen Fuß hinein. Meine Angst lässt es schwanken. Meine Unentschlossenheit.

Erst als ich mich ganz darin niedergelassen habe, wird es ruhig und trägt. Aaahh! Ich löse die Leine.

Die Hoffnung ist eine Herausforderung. Es braucht Mut, ihr zu vertrauen.

Ich greife die Ruder. Mich auf den Weg machen, etwas tun, das beflügelt.

Die gelben Wasserlilien blühen.

Mit meiner Hoffnung, in meiner Hoffnung, bewege ich mich mitten im Strom des Lebens.

Er überrascht mich mit seinen Windungen.

Ich treibe in seinen wechselnden Farben.

Er ist stark und hat seine Pläne.

In meiner Hoffnung, und wenn ich ihn liebe, verfolgen wir dennoch dasselbe Ziel.

Alles tanzt

Abermilliarden von Galaxien tanzen im Kosmos in unvorstellbar großen Weiten. Durch sie tanzen Myriaden von Sternen, umgeben von den Reigen großer und kleiner Planeten. Und die Planeten werden von Monden umtanzt.

Unsere Erde dreht sich in Pirouetten um sich selbst, während sie um die Sonne kreist. Dabei erschafft sie den Rhythmus von Tag und Nacht, Hell und Dunkel. Der Mond bewegt sich mit ihr mit, mal zeigt er uns sein Gesicht, mal sieht er weg. Wieder und wieder.

In seinem Tanz zieht der Mond das Wasser in den Ozeanen zu sich hin. Es tanzt auf und ab in Ebbe und Flut, in Wellen und Strömungen. Es dreht sich in Strudeln. Es kommt und geht. Mit seinem Tanzpartner, dem Mond, schaukelt es sich auf.

Aus dem Wasser entstehen Wolken, die in der Atmosphäre tanzen. Sie stürmen, regnen, schneien, hageln und gewittern in ihrer Choreografie. Die Orkane sind ihr mächtigster Tanz. Da wirbeln sie wütend mit all ihrer Kraft im Kreis, schneller und schneller, während sie über Meere und Kontinente dahinjagen. Um sich schließlich aufzulösen und sich an anderen Orten neu zu bilden. Im ewigen Tanz.

Das Pflanzenreich tanzt mit. Es blickt zur Sonne und seine Tänzer biegen sich graziös mit dem Sonnenlauf. Ihre bunten Blüten schließen und öffnen sich im Takt von Tag und Nacht. Auf, zu, auf, zu, auf zu.

Auch die Tiere tanzen, mit Sonne und Mond, mit der Umdrehung der Erde, mit Wasser und Wolken: Riesige Fischschwärme in den Ozeanen, Zugvögel in den Lüften und Herdentiere in den ursprünglichen Landschaften der Kontinente. Mal hierhin, mal dorthin. In Kreisen und Bögen. Ihre Hufe trommeln den ewigen Rhythmus des Lebens.

Und wir Menschen tanzen. Als Teil des Universums sind wir bewegt. Wir machen unsere eigene wunderbare Musik.

Auch ich wiege mich im Tanz. Hüpfe und springe. Ziehe Kreise. Drehe mich und lasse mich fallen.

Mit Freude, mit Leichtigkeit, mit Wut, mit Trauer und mit Schmerz - im Tanz ist für alles Raum.

Das Leben hat einen unbändigen Drang zu tanzen. Wenn wir tanzen, tanzt es in uns, mit uns und durch uns.

Also lass uns tanzen, mit den Galaxien, den Sternen, den Planeten, den Monden. Mit den Jahreszeiten. Mit Erde, Wasser, Luft und Feuer. Mit allem, das lebt. Mit allem, das wir lieben.

Tu den ersten Schritt - das Leben wartet sehnlichst darauf.

Haus aus Licht

Komm mit mir in das Haus aus Licht.

Es steht auf einer grünen Anhöhe.
Wir fahren mit meinem Motorrad dorthin,
auf verschlungenen Wegen.

Oder es ist in New York City.
Zwischen alten Hochhäusern steht es da,
gleißend hell, heller als jede Reklame.

Es kann sich überall befinden.

Wenn unsere Blicke sich ineinander verlieren
und alles um uns verschwindet,
sind wir plötzlich am richtigen Ort.

Dann ist Stille und da sind nur wir.

Nackt, in einem Haus aus Licht.
Nur du und ich - und Licht.

Unterwegs auf der Sternenspur

An jedem Tag in deinem Leben wird ein Stern aufblitzen und dir den Weg weisen.

Eine Sternenspur wird dich durch dein Leben leiten. Das war die Botschaft eines Traums.

Eine Spur goldener Sterne am dunkelblauen Firmament. Ein schönes Bild.

Im Alltag sind die Sterne oft nicht so leicht zu finden, die Hinweise, die Zeichen, die wegweisenden Erkenntnisse. Man braucht den richtigen Blick dafür.

Hast du ihn, den Sternsucherblick?

Du bekommst ihn durch Übung. Wenn du täglich den aufblitzenden Stern suchst, in welcher Form er dir auch begegnen mag, dann wird es dir immer leichter gelingen. Dann findest du den Stern, auch wenn er einmal im Schmutz liegt oder nur in dir selbst leuchtet.

Und wenn du ihn findest, dann halte ihn eine Weile in deiner Hand, in deinem Bewusstsein, und freue dich an ihm. So kann er seine Wirkung in deinem Leben am besten entfalten.

Abends, bevor du einschläfst, kannst du ihm dankbar zulächeln, deinem Stern des Tages.

Im Meer aus Liebe

Es gibt ein Meer aus goldenem Licht, warm und fein und kostbar. Das ist das Meer aus Liebe, aus unsichtbarer, tiefer Verbundenheit.

Dort bin ich mit allen Menschen, die mir nahe sind. Auch liebe Menschen, die die sichtbare Welt bereits verlassen haben, sind darin auf ewig mit mir verbunden. Meine Liebe für sie lebt, ebenso wie ihre Liebe für mich.

Wir alle sind im Meer aus Liebe.

Von den Menschen, die mir nahestehen, verlaufen herzliche, goldene Spuren zu anderen, die ihrerseits ebenfalls mit anderen Menschen in Liebe verwoben sind. So ist das Meer aus Liebe grenzenlos. Jeder hat eine Herzensverbindung zu anderen, und das Meer aus Liebe erstreckt sich in alle Richtungen und umfasst die ganze Menschheit, auf allen Kontinenten und bis in die tiefe Dimension der Zeit, zu Eltern und Großeltern und deren Eltern, Tausende von Generationen zurück, bis zum Anfang.

Alle sind wir im Meer aus Liebe, im großen goldenen Lichtmeer, im Urmeer aus Herzenswärme. Aus dem niemand jemals herausfallen kann. In dem wir niemanden verlieren können! Im Meer aus Liebe.

Auch wenn wir es im Alltag manchmal nicht spüren können, auch wenn wir oder andere Fehler machen oder wir es vielleicht noch nie über die Lippen gebracht haben, unser Herz weiß es doch:

Wir sind miteinander verbunden, in Liebe. Ja.

P.S. Wer sich verlassen fühlt, der sollte wissen, dass das Herz heilen kann, dass es wieder Freude, Liebe, Wärme und Stärke empfinden kann. Auch Beziehungen können heilen und neue Herzensverbindungen können entstehen. Wer seinem Herzen zuhört, seinen Schmerz achtet und seiner Sehnsucht Raum gibt, der ist auf dem richtigen Weg.

Als Blume

Als Blume spüre ich die Erde um meine Wurzeln. Die gute Erde, die mich mit Wasser und Nährstoffen versorgt und mir Halt gibt. Als Blume möchte ich meine Wurzeln ungehindert in alle Richtungen ausstrecken und tief in den Boden wachsen lassen.

Als Blume möchte ich zahllose grüne Blätter treiben, ich möchte gedeihen und mich ausbreiten. Meine Blätter trinken Sonnenlicht. Mit meinen Blättern atme ich ein und aus, als Blume.

Als Blume lebe ich dafür, möglichst viele Blütenköpfchen hervorzubringen und in die Höhe zu recken, aus denen mit Hilfe der Bienen meine Samen entstehen. Ich möchte blühen, blühen, blühen, üppig und farbenfroh!

Als Blume wiege ich mich im Wind und tanze mit der Sonne.

Als Blume weiß ich aber auch, dass die Jahreszeiten wechseln. Auf den Blühsommer folgt der Herbst und es wird kälter und dunkler. Dann schütze ich mich und ziehe meinen Lebenssaft in meine Wurzeln zurück. In meinem Versteck ruhe ich aus, während Eis und Kälte regieren.

Wenn sich der Frühling ankündigt und die Tage wieder länger und wärmer werden, wache ich auf aus meinem Schlaf und treibe neugierig die ersten Blättchen. Mein Leben kann wieder neu beginnen, ich kann mich wieder entfalten, als Blume.

Meine Samen, die im Herbst auf den Boden fielen, beginnen zu keimen. Aus ihnen wachsen meine Nach-kommen, als Blumen, jedes Jahr. Wir sind eine schöne Familie, die ständig größer wird. Und wir alle lieben das Leben, als Blumen!

Das Zarte

Zart wie ein Kind in seiner Kindlichkeit.

Zart wie flaumige junge Entchen, die hinter ihrer Mutter her schwimmen, wie junge Kätzchen mit ihrem weichen Fell, wie tapsige Hundewelpen.

Zart wie die ersten hellgrünen Blätter im Frühling, die die Bäume wieder bekleiden.

Zart wie eine leichte, schöne Melodie, von weitem heran geweht.

Zart wie der Duft einer Rose.

Zart wie ein feiner, leichter Seidenstoff.

Zart wie eine weite, sanfte Wiesenlandschaft.

Zart wie die Morgenröte.

Zart wie eine Himbeere.

Zart wie ein lauer Wind an einem Sommerabend.

Zart wie ein schüchternes Lächeln.

Zart wie der erste Kuss.

Das Zarte lässt mein Herz aufgehen.

Ein Lächeln breitet sich in mir aus,
eine warme Zärtlichkeit.

Und siehe da: Ich bin selbst wieder zart.

Rückkehr

Nach dem Winterschlaf, der Winterstarre, sind die Glieder noch steif und kaum zu spüren. Die Rückkehr des Lebens geschieht nur langsam und das Auftauen braucht seine Zeit.

Wo man es wohl zuerst bemerkt? Vielleicht spürt man zuerst ein Kribbeln in den Händen und Füßen. Oder man versucht trotz aller Unbeweglichkeit ein wenig die Arme und Beine zu recken. Und ganz allmählich spürt man sie wieder, und es stellt sich ein warmes Strömen ein. Ein warmes Strömen, das langsam die Hände und Füße erreicht. Dann ist es schon weit, das Auftauen.

Aber die innere Härte muss auch noch schmelzen. Es dauert noch eine Weile, bis dies soweit ist. Bis die warme Lebensenergie im Inneren strömt und die letzte kalte Stelle durchwärmt wurde.

Und erst recht, bis das Gesicht wieder weich wird. Bis nach dem langen kalten Winter das erste warme Lächeln ins Gesicht zurückkehrt. Bis die Augen wieder strahlen.

Bis man die Arme wieder ausbreiten kann und rufen:
„Hier bin ich! Komm!"

Wenn wir singen und tanzen und lieben, dann ist es
vollends gelungen: Wir sind wieder lebendig, mit allen
Fasern unseres Körpers!

Das Leben ist zurückgekehrt! Wir sind wieder da!

Juwel im Staub

In der Gluthitze eines wolkenlosen Sommernachmittags suche ich den Schatten des Waldes.

Ich sitze auf einer Bank am Waldrand, kein Mensch nirgends. Alles ist still. Vor mir das ausgedörrte Gras einer Wiese. Keine Blume, nur alte Birnbäume, die auf Regen warten. Über mir fliegt ein Bussard.

Ein idealer Ort, um zur Ruhe zu kommen. Um durch Spüren und Ahnen mit der Welt zu verschmelzen - deren Teil ich ohnehin bin. Warum vergesse ich das oft?

Auf dem staubigen Boden neben meiner Bank lässt sich ein orangeroter Schmetterling nieder, mit feinem braunen Muster.

Er sitzt reglos, die zarten Flügel ausgebreitet, und zeigt mir das faszinierende Schillern und Schimmern seiner Farben, auf der staubig braunen ausgetrockneten Erde. Ein Juwel im Staub.

Etwas Schöneres habe ich noch nie gesehen.

So bleibt er bei mir, während mein Denken aufhört,
als ich ihn bestaune und mit der Welt verschmelze.

Entstehung

Die harte Rinde wölbt sich. Es ist etwas im Inneren des Baumes verborgen, das ins Leben will, in die Welt. Knospen drängen ans Frühlingslicht. Ideen. Keiner kennt sie vorher, und plötzlich sind sie da und überraschen.

Die Knospen werden größer und scheinen fast zu bersten. Die Ideen wachsen und werden konkreter. Bis sich allmählich zeigt: Das ist es! Aus der ersten zarten Knospe ist eine Blüte geworden, die sich langsam öffnet und ihre Farbe offenbart.

Blühen. Aufleben. Zeigen, was in einem steckt. Ausprobieren. Sich in alle Richtungen entfalten. Offen sein, strahlend schön. Lebensfreude.

Mehr und mehr Knospen öffnen sich und bald steht der ganze Baum in voller Blüte. Die Existenz versprüht ihre ganze Schönheit. Sie gibt alles und ist voll da. Sie probiert alles, sie zeigt alles. Ihre Kreativität hat eine unbändige Kraft.

Aus dem Blühen, dem Ausprobieren der Ideen, entwickeln sich kleine Früchte, kleine Vorhaben. Sie sind noch jung und winzig. Sie sind ein Anfang. Sie werden wachsen. Ihnen wohnt ein Drang zur Reifung inne, ein Drang, sich auszubilden und ganz groß und fertig in der Welt da zu sein. Die genau richtige Form und Größe und Beschaffenheit anzunehmen. Perfekt, vollendet zu sein.

Wachstum und schöpferisches Wirken brauchen ihre Zeit. Irgendwann ist es soweit: Man sieht und spürt es, wenn die Früchte reif sind.

Dann sind sie gewichtig und gehaltvoll und lösen sich selbst vom Baum. Die Ernte ist die Krönung des machtvollen Wachstumsprozesses, sie erst offenbart sein ganzes Potenzial. Die reifen Früchte kommen in die Welt. Sie sind für die Welt bestimmt. Deshalb sind sie aus dem Inneren heraus entstanden. Aus dem Nichts. Deshalb haben sie sich ans Licht gedrängt.

Und jetzt sind sie da!

Wolkenweite

Nach dem Aufstieg der weite Blick in die Täler.

Wiesen, grüne Hügel - und darüber der alles überspannende blaue Himmel.

Aaaaahhhh! Aufatmen. Angekommen!

Ich spüre die reine, frische Luft in meinen Lungen.

Wolken segeln in der Weite des Himmels.

Wolkenweite.

Ein eigenes Reich, in das man nur träumend gelangt. Und doch hier oben so nah.

Zerfledderte Wolkenschwaden streicheln einen Bergkamm.

Seeungeheuer schweben vorbei, aufgebauschte Wattehaufen, fransige Fetzen fliegender Teppiche, in

ständiger Verwandlung begriffen. In der Weite rund-
um, in welche Richtung mein Blick auch schweift.

Ferne. Es gibt kein Ende der Welt.

Es gibt keine Grenzen.

Nur Weite, in mir und um mich.

Ich bin frei.

Kraftübertragung

Lass mich deine linke Hand in meinen Händen halten. Sie ist deinem Herzen nah.

Aus meinen Händen können meine Wärme, meine Liebe und Stärke in deine linke Hand strömen und von dort in deinen Arm bis in dein Herz und in deinen ganzen Körper. Damit du Wärme im Herzen spürst und Hoffnung. Damit Lebenskraft durch deine Adern pulsiert. Damit du gesund wirst.

Eine Gefühls- und Kraftübertragung ist das, von mir zu dir.

Meine Kraft ist warm. Das Weiche und Warme ist unglaublich stark. Wer es in sich fühlt, weiß es. Härte ist keine Stärke. Das Harte und Kalte ist spröde und brüchig, es hat keine Substanz, denn darunter liegt der weggedrückte Schmerz, der bei jeder Gelegenheit unvermittelt wie heiße Magma mit voller Wucht nach oben schießen kann. Dann ist die harte Fassade nicht mehr zu halten. Und das ist gut so.

Meine Wärme und Stärke kann ich dir spenden. Ich habe reichlich davon. Ich stecke dich damit an.

Und dann sind wir beide stark und lebendig.

Sollte ich mich irgendwann schwach fühlen, dann bitte nimm du meine linke Hand in deine Hände und lass deine Wärme und Stärke in mich fließen. Wenn dein Herz offen ist für mich, geschieht dies ganz von selbst.

Eulentraum

Eule, du bannst mich mit deinen leuchtenden Augen, deinem durchdringenden Blick.

Scheu bist du. Eine scheue Schönheit, eine rätselhafte Jägerin, stets bereit zum lautlosen Abflug.

Du bist das Symbol der Weisheit, von alters her.
Bleib doch und lass mich an deinem Wissen teilhaben.
Du zögerst und siehst mich an. Mit Eulenaugen.

Mit deinem Blick willst du mir etwas sagen. Ich soll etwas verstehen.

Was kannst du mich lehren?

Dann spüre ich dich auf meiner Schulter sitzen. Mit spitzen Krallen hältst du dich fest. Dein weiches Gefieder streift meine Wange.

Du flüstert Eulenworte. Weise Eulenworte: „Gib acht! Du läufst Gefahr, dich im Unwichtigen, im Scheinbaren zu verlieren.

Was deine Gedanken beschäftigt, ist nicht das wirkliche Leben. Im wirklichen Leben gibt es Eulen und Wälder und Berge, es gibt Meere, es gibt Sterne, es gibt Liebe, es gibt Geburt und Sterben, es gibt das Wunder des Lebens, und du gehörst dazu. Du bist das Wunder ebenso wie ich.

Du hast keine Flügel und keine Nachtaugen, aber du hast Hände, um zu erschaffen, um zu streicheln, um zu halten. Du hast Augen, um die Schönheit zu sehen, um zu bewundern. Du hast Fantasien, Träume und Ideen. Du hast ein Herz, um zu fühlen und um zu verstehen. Du selbst gehörst zum Wunder dazu. Denk daran: Wir alle sind das Wunder, auch du. Das ist das wirkliche Leben. Ja, das ist das wirkliche Leben."

Nach diesen Flüsterworten breitest du deine Schwingen aus und fliegst in die Nacht, in meinen Träumen, bis der goldene Morgen anbricht.

Kaktus

Es gibt kostbare Orchideen mit eleganten Blüten, farbenfrohe, üppige Sommerblumen, edle Rosen mit betörendem Duft. Es gibt Schlingpflanzen, die sich ehrgeizig immer weiter empor ranken. Es gibt Bäume, die in den Himmel wachsen.

Und es gibt den Kaktus.

Unscheinbar wirkt er und ganz ohne Elan.
Widerspenstig, zäh und stur.

Seine Stärke ist die Beständigkeit. Er kann harte Zeiten überdauern. Seinen kostbaren Lebenssaft, aus spärlichem Wasser gewonnen, verbirgt er in seinem Innern und verteidigt ihn mit spitzen Stacheln gegen Begehrlichkeiten jeglicher Art.

Trotzig sitzt er da. Widerborstig.

Er behauptet seinen Platz. „Hier bin ich und hier bleibe ich! Wehe, ihr versucht mich zu fressen! Das werdet ihr bitter bereuen!"

Langsam wächst er, genügsam und ohne Hast. Ihn kann nichts erschüttern. Sogar den Verlust von Gliedmaßen verschmerzt er ohne ein Zucken.

Und irgendwann, zu seiner Zeit - dann, wenn es ihm passt und keiner damit rechnet - treibt er eine traumhafte Blüte und offenbart zwischen den Stacheln die Schönheit, die in seiner Seele verborgen war.

Tag und Nacht

Tag und Nacht halten uns im Gleichgewicht.

Sie ziehen über uns hinweg, mit Licht und Dunkelheit, von Osten her. Ihr Wechsel gibt das Leben vor.

Am Morgen siegt der Tag über die Nacht.

Triumphierend lässt er seine Sonne am östlichen Horizont aufsteigen. Abends nimmt er sie uns wieder, wenn sie als loderndes Feuer im Westen versinkt und der Tag weiterzieht.

Er schenkt uns die Farben und das Sehen. Er bringt uns die Wärme, das Licht.

Der Tag zeigt uns die Welt, er zeigt uns die Wege, die Möglichkeiten. Er fordert uns auf zu handeln.

Die Nacht ist zurückhaltender. Sie hat nicht die leuchtenden Farben. Ihr Mond ist blasser als die Sonne und er gehört ihr nicht allein. Er ist ihr nicht treu und lässt sich auch am hellen Himmel sehen.

Doch die Nacht hat ihren eigenen Schatz: einen üppigen Himmelsgarten aus ungezählten Sternen, die sie im samtigen Schwarzblau funkeln lässt. Die über ihren Himmel ziehen. Manchmal wirft sie uns Sterne zu, sie schenkt uns ihre Schnuppen. Dann wünsche ich mir etwas. Ganz schnell.

Die Geschenke der Nacht sind unauffälliger, heimlicher, stiller und stärker als die des Tages.

Die Nacht schenkt uns die Ruhe. Sie lässt uns still werden, um zu spüren und zu ahnen. Die müden Augen dürfen sich zurücknehmen. In der Nacht brauchen wir andere Sinne. Wir lauschen und spüren, nach außen und innen. Alles verlangsamt sich. Es geht ums Tasten und Innehalten. Es geht ums Warten. Ums Träumen. Um das Sichanvertrauen.

Wir vertrauen uns der Nacht an. Sie atmet uns ein in ihre Dunkelheit. Sie versteckt uns, zu unserem Schutz.

In der Nacht sind wir die Empfangenden. Sie schenkt uns den Schlaf. Sie erneuert unsere Kraft.

Manchmal bekommen wir Angst in der Nacht und geben der Nacht die Schuld. Doch es liegt nicht an ihr, wenn wir uns am Tag keine Zeit für Sorgen und

Ängste genommen haben und sie uns daher in der Nacht besuchen kommen. Sie wollen beachtet und gelöst werden.

Wir haben den Tag, um klar zu sehen und zu handeln. Damit wir in der Nacht ruhig schlafen können.

Und in ihre Geheimnisse eintauchen, in ihren dunkelsamtigen Zauber.

Die Nacht verzaubert die Welt, der Tag entzaubert sie wieder.

Geheimnis

Ein roter Kristall liegt in meiner Hand.
Nur Glas. Doch lass dich nicht täuschen.
Blicke selbst hinein.

In ihm sprüht das Feuer
des sich stets wandelnden Kosmos.
Er birgt den Anfang in sich, den Ursprung aller Dinge.
Das große Geheimnis.
Alle Rätsel kreuzen sich im Innern seiner Facetten.
Alle Kräfte bündeln sich in ihm.
In ihm ist alles eins.

Er ist mein Herz, verbunden mit allen Herzen,
die je geschlagen haben und noch schlagen werden.

Liebe, Wärme, Leben,
konzentriert in unergründlich tiefem Rot.

Und was siehst du?

Geborgenheit

Ein Nest haben. Weich und wohlig. Gut befestigt auf einem starken Ast und sanft schwingend mit der Welt. Ein sicheres Nest, mit einer soliden Basis und einem dichten Blätterdach. Ein Nest, in das ich mich zurückziehen kann. Einkuscheln, wenn draußen der Regen prasselt. Ein gutes Versteck, ein sicherer Schutz und trotzdem geräumig, mit Platz zum freien Atmen.

Von meinem Nest aus kann ich fröhlich die Lage inspizieren, bevor ich mich auf meinen Schwingen ins Unbekannte fallenlasse. Um dort anderen zu begegnen, um Neuland zu erkunden und etwas zu wagen, um Schätze zu finden und zu bergen - oder zu erbeuten -, die ich dann mitnehme in mein Heimatnest. Mein Geborgenheitsnest. Was zuerst unbekannt und aufregend war, findet einen Platz in meinem Leben und gehört schließlich zu mir und meiner Geborgenheit dazu. Es wird ein guter und schöner Teil meiner selbst. Ich werde reicher dadurch.

Besonders schön ist es im Nest, wenn liebe andere da sind, bei denen ich mich wohl und geborgen fühlen kann. Zuhause, das ist ein Nest, in dem man reden darf, wie einem der Schnabel gewachsen ist, und sagen, was man fühlt und denkt. In dem man sich so zeigen darf, wie man ist, und in dem man respektiert wird. Und daher bereit ist für Gemeinsamkeit.

Ein Nest, in dem wir uns leise zwitschernd erzählen und zärtlich am Gefieder zupfen. Oder gemeinsam still sind und träumen. Einfach zusammen im wohligen Nest sitzen und das Zusammensein genießen, solange wir es haben. In Geborgenheit.

Und danach uns wieder in die Stürme des Lebens stürzen, mit den Flügeln balancierend auf rauen Winden, wohl wissend, dass die Geborgenheit immer auf uns wartet, dass wir immer wieder zu ihr zurückkehren können. Dass wir sie in uns selbst und mit anderen finden.

Die glänzenden Augen der Tiere

Die Augen eines jungen Schneeleoparden im Zoo, starr auf mich gerichtet. Verwegene Augen frecher Ziegen. Große dunkle Augen von Eseln mit schwarzem Lidstrich.

Grüne und goldfarbene Katzenaugen. Hundeaugen. Pferdeaugen.

Bewimperte Kuhaugen. Bernsteinfarbene Augen eines Fuchses im Wildpark. Rehaugen. Eulenaugen.

Die tiefgründigen Augen eines Orang-Utans hinter der Scheibe.

Tiere sehen mich an. Ich blicke in ihre Augen und möchte sie verstehen.

Ich möchte ihr inneres Geheimnis ergründen.

Doch so sehr ich mich auch bemühe, meinem Menschenblick bleibt ihre innere Wahrheit verborgen.

Mit meinem Verstand kann ich ihr Fenster zur Seele nicht aufstoßen.

Ich muss das Denken anhalten, den unablässigen Strom an Wörtern in meinem Kopf.

Dann erst bin ich in der Wirklichkeit.

Dann erst kann ich wirklich sehen. Und in die Tiefe ihrer glänzenden Augen eintauchen, mit dem Herzen voraus.

Schwalben im Regen

Bei Sonnenschein sieht man hoch am Himmel unermüdlich die Silhouetten der Schwalben schwirren. Im Regenwetter kommen sie in unsere Niederungen herunter und fliegen in Bodennähe, während ich mit meinem bunten Regenschirm durch die Allee wandere, zwischen den knorrigen graugrünen Stämmen uralter Linden.

Die Schwalben gleiten anmutig durch die feuchte Luft, in Kreisen und Achten, über die Wiese neben der Allee. Und dann bewegt sich der Schwarm auf mich zu, sie fliegen durch die Allee und um mich herum. Von rechts und links werde ich von Schwalben umkreist. Mein großer bunter Regenschirm stört sie nicht im Geringsten. Vielleicht sind sie noch jung und kennen noch keine Menschen und keine Regenschirme.

Man könnte fast meinen, sie wollten sich auf meine Schulter setzen. Aus nächster Nähe kann ich sie betrachten, das blauschwarz glänzende Gefieder, den hellen Bauch, den gespreizten Fächer aus Schwanzfedern. Rauchschwalben.

Sie leben in einer anderen Dimension, sie gleiten durch die Lüfte. Und bald sind sie unterwegs nach Afrika, sie finden den Weg, obwohl die jungen Schwalben nicht wissen, wohin die Reise geht. Sie fliegen Tausende von Kilometern, um ein Ziel zu finden, das sie nicht kennen.

Es muss ein innerer Drang sein, ein Ruf, ein Sehnen nach etwas Unbekanntem, das sie aufbrechen lässt. Dann verlassen sie unsere Regionen und fliegen dem Sommer hinterher, der Wärme.

Heute sind sie noch hier. Inmitten eines Schwarms junger Schwalben gehe ich durch den Regen. Was für ein herrlicher Tag!

Mein Lied

Ich werde ein Lied schreiben, das genau für mich passt. Mein Lied!

Ein Lied vom bunten Strom des Lebens.

Es wird voll in mein Herz treffen. Und es wird mit Leichtigkeit davonhüpfen. Mit Kapriolen wird die Melodie überraschen.

Den Schmerz wird es hinausschreien und die ruhige Freude tanzen lassen.

Mal wird es fröhlich dahinplätschern, mal wird es aufbrausen im Sturm.

Ich freue mich auf seine hellen, klaren Engelstöne in der Höhe und die vollen, warmen Töne der Stärke in der Tiefe.

Es wird maßgeschneidert sein für mich. Mit meinen Harmonien wird es spielen. Sein Rhythmus wird mein Pulsschlag sein.

Es wird das Unaussprechliche fühlbar machen.

Es wird nichts zurückhalten.

Es wird Klarheit hinterlassen. Klarheit und Fülle, bei jedem, der es hört.

Es wird mein Lied sein. Für mich und von mir.

Seine warmen, goldenen Töne werde ich singen, bis alles, alles zerschmolzen ist.

Rettungsseil

Manchmal verbirgt sich die Sonne hinter dicken Wolken und alles erscheint trist und grau.

Unversehens fällt man in ein dunkles Loch. Kein Ausweg in Sicht.

Dann wünsche ich mir ein Rettungsseil. Ein richtig dickes, starkes Tau, an dem ich mich festhalten kann.

Das mir Halt gibt und mich nach oben zieht, zur grün bewachsenen Erdoberfläche, wo das Leben weitergeht.

Wo Blumen blühen. Wo weiße Schiffe auf blauen Flüssen fahren und wo Feste gefeiert werden. Wo bunte Fähnchen wehen, wo man lacht und singt und sich die Hände reicht.

Wo Neues erschaffen wird. Wo Menschen Geschichten schreiben.

Heute kam mit den Wolken der Sturm. Er brachte Regen und riss die graue Decke auf.

Im Sturm strahlte die Sonne zwischen den Wolken hervor und malte mir mein Rettungsseil an den Himmel: Den allerschönsten Regenbogen, klar und kräftig: lila, blau, grün, gelb, orange, rot. Plötzlich real! Und weiter oben sein blasseres Echo. Ein doppelter Regenbogen. Eine Erinnerung an das Schöne, an das Wesentliche. Ein schillernd buntes Rettungsseil in allen Farben. Ein Geschenk des Himmels, ein Wink des Wundervollen, dessen Teil ich bin.

Ein anderes Mal ist das Rettungsseil ein starkes Lied im Radio, das mir auf einen Schlag wieder klarmacht: Genau darum geht es!

Oder ein Wunsch dringt von tief innen aus meinem Herzen in mein Bewusstsein: Ja, ich will doch im Grunde… Und dann weiß ich es wieder. Und schon bin ich aus dem dunklen Loch heraus und unterwegs im hellen Leben.

Morgens begegne ich oft einem älteren Herrn, der mich sehr freundlich grüßt. Auch das ist ein Rettungs-seil: Ein warmherziges Lächeln. Ein freundlicher Blick. Ein lieber Gruß. Ein „Schön, dass es dich gibt". Dankbar nehme ich es an und schenke gerne das Gleiche zurück. Ein Lächeln, einen Gruß, kann man unendlich oft weiterschenken, an Freunde und an

Fremde! Wer weiß, vielleicht braucht derjenige gerade ein richtig dickes, starkes Rettungsseil und ein Regenbogen ist nicht zur Hand?

Gerne schenke ich dir ein freundliches Lächeln, doch falls wir uns nicht persönlich begegnen sollten, so nimm doch meine Texte als Geschenk.

Lass dich von ihnen zurück ins helle Leben ziehen. Genau dafür sind sie da!

Zeitfracht Medien GmbH
Ferdinand-Jühlke-Straße 7
99095 Erfurt, Deutschland
produktsicherheit@kolibri360.de